Colin Chisholm

Unpublished old Gaelic Songs

With illustrative traditions

Colin Chisholm

Unpublished old Gaelic Songs
With illustrative traditions

ISBN/EAN: 9783743407596

Manufactured in Europe, USA, Canada, Australia, Japa

Cover: Foto ©Thomas Meinert / pixelio.de

Manufactured and distributed by brebook publishing software
(www.brebook.com)

Colin Chisholm

Unpublished old Gaelic Songs

UNPUBLISHED OLD GAELIC SONGS,

WITH ILLUSTRATIVE TRADITIONS.

COLIN CHISHOLM, NAMUR COTTAGE.

REPRINTED FROM VOL. XI. OF THE TRANSACTIONS OF THE GAELIC
SOCIETY OF INVERNESS.

INVERNESS:
PRINTED AT THE COURIER OFFICE
1885.

OLD GAELIC SONGS.

The first song on my list for this evening is one composed by Donald Gobha for the first Glengarry Fencible Regiment. Here I may briefly state that the idea of embodying those Highlanders into a Fencible Regiment originated with the late Right Rev. Bishop Macdonnell of Canada, when he was a young missionary. He procured a meeting at Fort-Augustus in February 1794. An address was drawn up to the King, offering the service of a Catholic Corps, which Glengarry and Fletcher of Dunan handed to the King. A letter of service was received. The missionary was gazetted chaplain to the regiment. The corps volunteered for England, &c. The regiment was disbanded in 1802. In 1804 the Bishop obtained for them patent deeds for one hundred and sixty thousand acres of land in Canada.

ORAN DO REISEAMAID GHLINNEGARAIDII LE DONULL SIOSAL,

i.e., DONULL GOBHA.

Na'n deonuich sibh m' eisdeachd,
Bho 'n a dh' fhailig mo gheur orm,
'S na facail a leughainn dhuibh an drasd.

Gu bheil sinn' ann an solas,
Ged tha mnathan fo bhron dhe,
'S tha mo bheachd gur e dochas a's fhearr.

* Invernessiana, p. 222.

Tha iadsan a' caoidh nam macan
Tha triall thun na feachda ;
Cha 'n'eil sinne ga fachdain na'n càs

Ach faigh a nall dhuinn am botal,
Agus glaine no copan,
Gus an ol sinn an deoch s' air an slaint'.

Air slaint' an t-Siosalaich Ghlaisich,
Agus olamaid' as i ;
'S na robh slaint' anns a' phearsa nach traigh.

'S am fear nach ol i gu dubailt,
Call a dheudach 'sa shuil air,
Gus nach leir dha mo dhurachdsa dha.

Ach buaidh is piseach air Uilleam—
Dia ga dhion bho gach cunnart,
'S air gach duine chaidh bhuileachadh dha.

An t-og aigiontach, rioghail,
A chuireadh sgairt fo na miltean ;
'S leat am prasgan is finealt a dh'fhas.

An am a' chatha 's na comh-stri,
'S leat maithean Chloinn-Donuill,
Eadar Uidhist a's comhnard Phort-chlar.

Bha Gleannagaradh dhut dileas
An am cogadh no siochaint,
'S thig Mac-Dhughaill gle chinnteach ad phairt.

'S mar sud a's Clann-Choinnich,
Le'm brataichean soilleir,
'S thig Mac-Shimi na d' choinnimh o'n Aird.

Gur a lionmhor fuil uasal
Tha na d' bhallaibh a' bualadh,
Nach lamh mise an uair s' chur fos 'n aird.

'S beag an t-ioghnadh e thachairt,
Oighre Chomair nam macan,
Dha robh foghlum a's fasanan ard.

Bha thu tighearnail, feilidh,
Gun airce, gun eucoir,
Bha mar leomhan beum-cheannach, garg.

Bha thu iriosal, beachdail,
Gu h-ardanach, smachdail,
Rachadh daicheil am fasan nan arm.

B'ann a dh-fhasan nan Glaiseach
Bhi gu ceannsgalach, gaisgeil,
Le luths lamh gum biodh fachdain aig cach.

'S gur e fasan bu dual dhuibh,
'Nam caitheamh na luaithe,
Bhi gu bras-lamhach, cruadalach, borb.

Gur e suaicneas a bh'aca
An am dhol sios anns na batail
Dealbh an tuirc ann am brataich gun sgath.

Mur bhi ghiorrad 's tha m' eolas,
Chuirinn tuilleadh an ordugh,
Gus gum bitheadh an t-oran na b'fhearr.

Ach ghuidh mi Dia bhi gar seoladh
Anns gach onair an coir dhuibh,
Gus an till sibh air 'ur n-eolas a nall.

In my humble opinion the following version of the elegy composed by Donull Gobha in memory of the " Fair Chisholm" in 1793 is superior to the one published by us last year* ; besides, there are nine additional stanzas in this copy. It has been sent from Nova Scotia by a gentleman who knows it to be the version sung by Strathglass men among whom Donull Gobha lived and died in Nova Scotia.

ORAN DO SHIOSALACH SHRATHGHLAIS, LE DONULL SIOSAL, i.e., DONULL GOBHA.

Gum beil mulad orm fein,
Chaidh mo chadal an cis,
An diugh cha leir dhomh ach eiginn sgleo.

Bho na ghlasaich mo chiabh,
Agus a sheachdaich mo bhian,
Thug an aiceid so dhiom an fheoil.

Bhuail saighdean mi goirt,
A rinn mo chlaoidh a's mo lot ;
Bithidh mi tuilleadh fo sprochd ri m' bheo.

* See Transactions, Vol. X. p. 222

'S e bas an t-Siosalaich ghleusd'
A bhrist air osnaich mo chleibh,
'S aobhar m' acain thu bhi 'n ceisibh bhord.

'S ann 's a' Mhanachuinn fo'n uir,
Dh' fhag sibh tasgaidh mo ruin,
Am mac, 's an t-athair le'm b'fhiu dhuinn falbh.

Chaill sinn Ruari an aigh,
Fear a dh' fhuasgladh gach càs ;
An diugh cha 'n aithne dhomh aicheadh beo.

Agus Dunnachadh na dheigh,
Bu shar cheannard nan ceud ;
Dh'eug e'n Lunainn, 's mo leir-chreach mhor.

So i bhuille bha cruaidh ;
An t-eug thug Alasdair bhuainn,
Craobh dhe'n abhul a b' uaisle meoir.

Crann seudair nam buadh,
A dh'fhag fir Albainn fo ghruaim,
'Nuair a dh' iundrainn iad bhuath thu, sheoid.

'S iomadh fear a bha 'm breis,
Eadar tuath agus deas,
'S iad fo ghruaim, ann an deiseachan broin.

'S gur a fiosrach tha mi
Gu'n robh meas ort 's gach tir,
Ann am Parlamaid righ 's aig mod.

'Nuair a shuidheadh tu'n cuirt
Bu leat eisdeachd' 's tu b' fhiù ;
Chuireadh d'fhacal gach cuis air seol.

Fhir a dh'oladh an fheisd
Mar bu chuibhidh dha'n treud,
'San teaghlach farsuinn bu shaibhir gloir.

Bha gach fasan a b'fhearr
Ann am pearsa mo ghraidh,
Ach co mhealas an drasd a chot'.

Far 'm biodh fidheal nan teud,
'S a bhi ga'n tathaich le beus,
Piob chruaidh, sgalant, le fileantachd mheoir.

Le fraoch Feadailteach binn,
A's e gu h-airgiodach, grinn
Cha robh an Alba a thug cis do cheoil.

Bho na thoisich an triath
Gun robh ainn dhibh bhi fial,
Eadar Sasunn nan cliar 's an Roimh.

Le bogha dhe'n iubhar le lann,
Cha bu chearbach do 'laimh,
Gum buingneadh tu'n geall 'sa choir.

Leat a chinneadh an t-sealg,
Ann an srath nan damh dearg,
Eadar Fionn-ghleann a's Cioch an fheoir.

Eadar Comar nan allt,
Agus garbh-shlios nam beann,
Eadar Gleann Srath-Farair 's an Caoran-gorm.

Cha b'e dublachadh mail,
A dh' fhag do bhancaichean lan,
Ach an torc-sona bhi ghnath na d' lorg.

Bu leat faghaid nan gleann,
'S fuaim nan gaothar na'n deann,
Fhir a leagadh na maing le sgorr.

Seall gur Gaidhealtachd Glais,
Na dian Galld' i le lagh,
Tuig a comas a's creid mar tha.

Mar tha 'n sean-fhacal ceart—
Mol a' mhachair 's na treabh,
Diomail fasgadh a' phris 's na fag.

Och ! 's mi na m' iomadan truagh,
An diugh ga d' iundrainn 's tu bhuam,
'S mo chul-taic anns an uaigh gun treoir.

Ach mile moladh mar tha,
Gum beil oighre na d' aite,
Friamh dhligheach dhe 'n chraoibh a dh' fhalbh.

Coisinn beannachadh Dhia,
Duine bochd na leig dhiot,
'S thoir lan cheartas do'n fhear a's coir.

6

Donull Gobha was at a wedding in Comar, Strathglass, where
the *elite* of the neighbourhood were assembled.   In the evening,
after having enjoyed themselves to their heart's content, the guests
were wending their way home, when by accident or design the
brother of the bridegroom, Iain Mac-Thomais, appeared to a party
of the young men, and soon had them inside a *sabhal-feoir*, where
he tapped a cask of genuine Ferintosh whisky.   Their drinking
cup was a two-handled wooden cog (*meadar cluasach*), which was
charged and sent round and round again and again until, as Donull
Gobha avows in the following couplets, their vision was so much
increased that they saw the handles of the cog getting longer and
longer, the hoops doubling, and their good opinion of themselves
immensely elevated at each successive round of the magic cog!

> Dheanainn sugradh ris an nighinn duibh,
> Agus éirigh anns a' mhaduinn.
>> Dheanainn, &c.
>
> Iain 'ic Thomais 'ic Dhaibhidh,
> Thug thu cail dhuinn nach robh againn.
>> Dheanainn, &c.
>
> Cha b' e glaine bheag no strùbag,
> Thug thu dhuinn ach cupa' maide.
>> Dheanainn, &c.
>
> H-uile strachd rachadh mu'n cuairt dheth
> Chite chluas a' fas na b'fhaide.
>> Dheanainn, &c.
>
> 'N àite cearcail chit' a dha air,
> Barail ard a bha fas againn.
>> Dheanainn, &c.

Here is a song by Duncan Chisholm, *i.e.*, Donnachadh Buidhe.
Duncan, I ought to remark, left his native Strathglass for Nova
Scotia early in this century, he, along with his neighbours, having
been evicted from their holdings in order to make room for sheep.
I am indebted for the words of the song to a gentleman in Nova
Scotia, whose father and grandfather I well remember before they
left the Brae of Glencannich.

ORAN DHA NA CAOIRICH MHORA.

Ge b'e h-aon rinn an duanag, chaidh e tuathal an tòs,
Nach do chuimhnich na h-uaislean dha 'm bu dual a bhi mòr ;
Na'm biodh feum air neart dhaoin' ann an caonaig no'n toir,
'S iad a sheasadh an cruadal, 's lannan cruaidhe na'n dorn.

Na Siosalaich Ghlaiseach bho chaisteal nan arm,
Na suinn a bha tapaidh 'nuair chaisgt' orra 'n fhearg ;
'Nuair theid iad 's a' bhaiteal, cha bu ghealtach an colg,
'S gu'n cuir iad fo'n casan luchd chasagan dearg.

Sibh a bhuaileadh na buillean, 'sa chuireadh an ruaig,
'S a sheasadh ri teine, gun deireas gun ghruaim ;
Na suinn a bha fulangach, curanta, cruaidh,
Nach leigeadh le namhaid an larach thoirt uath'.

La Blar Airidh-Ghuidhein rinn sibh pruthar air sluagh,
Ged bu lionmhor na daoine air 'ur n-aodann 'san uair ;
Cha deachaidh mac mathar dhiubh sabhailte uaith',
'S gu'n do thill sibh a' chreach air a h-ais do'n Taobh-tuath.

'Nuair a dh'eirich na curaidhean curanta, dian,
Gu luath-lamhach, guineach, 's iad ullamh gu gniomh,
Gu'n d' fhag sibh na miltean na'n sineadh air sliabh,
Gun tuigse, gun toinisg, gun arail na'n cliabh.

'Nuair theid iad an ordugh, na h-oganaich gharg,
Cha 'n'eil 's an Roinn-Eorpa na's boidhch' theid fo'n airm ;
'Nuair a gheibheadh sibh ordugh, bu deonach leibh falbh,
'S gu'n déanadh sibh feolach an comh-stri nan arm.

'S ann chunnaic mi 'm prasgan bu taitniche leam,
Eadar bun Allt-na- Glaislig a's braighe Chnochd-fhionn.
Nach leigeadh le namhaid dol dan air an cùl,
Ged tha iad bho'n la sin a' cnamh anns an uir.

Gur a tric tha mi smaointinn air an duthaich a th'ann,
Tha'n diugh fo na caoirich eadar raointean a's ghleann ;
Gun duine bhi lathair dhe'n alach a bh'ann,
Ach coin agus caoirich ga'n slaodadh gu fang.

'S ann tha aobhar a' mhulaid aig na dh' fhuirich 's an ait',
Gun toil-inntinn gun taic ach fo chasan nan Gall ;
Bho'n a dh' fhalbh an luchd-englais bha freasdalach dhaibh,
Co a ghabhas an leth-sgeul, 'nuair bhios iad na'n cas ?

Gur lionmhor sonn aluinn chaidh arach bho thus,
An teaghlach an armuinn a bha tamh an Cnochd-fhionn ;
'S bho'n a dh' fhalbh na daoin'-uaisle, chaidh an tuath air an glùn,
'S gu'm beil iad bho'n uair sin gun bhuachaille cuil.

B'iad sud na daoin' uaisle 'sna buachaillean ciuin —
Easbuig Iain 's a bhrathair, a's Iain Ban bha'n Cnochd-fhionn—
Na daoine bha feumail gu reiteachadh cuis;
Chaidh an duthaich an eis bho'n la dh'eug iad na'n triuir.

Dh' fhalbh na Cinn-fheadhna b' fhearr eisdeachd 'sa' chuirt—
An ceann-teaghlaich bu shine dhe'n fhine b' fhearr cliu ;
Tha gach aon a bha taitneach air an tasgadh 's an ùir,
'S iad mar shoitheach gun *chaptain*, gun acfhuinn, gun stiuir.

Dh' fhalbh an stiuir as na h-iaruinn 'nuair a thriall na fir bhan'—
Na h-Easbuigean beannuichte, carranta, tlath,
'S ioma buaidh agus cliu bha' air an cunntas 'n'ur gnath ;
'S ann agaibh bha'n t-ionntas a dh' ionnsuidh a' bhàis.

Cha bu bhas e ach aiseag gu beatha na b' fhearr,
Dol a dh' ionnsuidh an Athar tha 'n Cathair nan Gras ;
Na seirbheisich dhileas dha 'n Ti tha gu h-ard,
'S a tha an toil-inntinn nach diobair gu brach.

'S mi-fhortan dha'r cairdean thug sibh thamh anns' an Lios,
Na h-armuinnean priseil lan sith agus meas,
Na coinnlean a b' aillte dheanadh dearrsadh na'r measg,
'S ann a tha na cuirp àluinn air an caradh fo lic.

'S ann fo lic air an aineol tha na feara gun ghruaim,
Nach fuiligeadh an eucoir ann an eisdeachd an cluas ;
Gur e a bh' aca na'n inntinn toil-inntinne bhuan,
Le Soisgeul na Firinn ga innseadh dha 'n t-sluagh.

'S ann an sin a bha 'n comunn a bha toilichte leinn,
'Nuair a bha sinn mu'n coinneamh bha sonas ri'n linn ;
'Nuair a chaidh iad 'san uaigh sgiot an sluagh as gach taobh,
'S iad mar chaoirich gun bhuachaill' air am fuadach thair tuinn.

Cha'n 'eil buachaillean aca no taic' air an cùl,
Bho na leigeadh fir Shasuinn a fasgadh an Dùin,
'S e naigheachd is ait leam mar thachair do'n chuis,
Gu'n do shleamhnaich an casan a mach dhe' na ghrunnd.

Tha mi 'n dochas gun tionndaidh a' chuis mar a's coir,
Gu'n tig iad a dh' ionnsuidh an duthchais bho thos ;
Na fiùranan aluinn chaidh arach ann og,
Gu'n cluinneam sibh 'thamh ann an aros nam bò.

Ged' a thuit a' chraobh-mhullaich 's ged' fhrois i gu barr,
Thig planndais a stoca an toiseach a' bh'ais ;
Ma gheibh iad mo dhurachd mar a dhuraichdinn daibh,
Bidh iad shuas an Cnochd-fhionn—'s e bhur duthchas an t-ait'.

Agus Iain Chnuichd-fhionn, bi-sa misneachail, treun,
Glac duthchas do sheanar, 's gu meal thu a steidh
An t-ait' robh do sheorsa, bho 'n'oige gu 'n eug,
Am mac an ionad an athar, suidh 's a' chathair 's na treig.

Bi togradh air d'eolas, a bhuain chno anns' an Dùn,
Far an goireadh an smeorach am barr oganan dlu ;
Eoin bheaga an t-sleibhe deanamh beus mar chruit-chiuil,
'S a' chuthag 'sa' cheitein a' seinn a " gug-gùg."

Dh' fhalbh gach toil-inntinn a bh' aig ar sinnsreadh bho thos,
'S e mo bharail nach till iad ris na linntinnean òg' ;
Cha 'n'eil fiadhach ri fhaotainn ann an aonach nan ceo ;
Chuir na caoirich air fuadach buidheann uallach nan cròc.

Dh' fhalbh an earb as a' choille, dh' fhalbh coileach an duin,
'S am buiccin beag, biorach, bhiodh fo shileadh nan stùc ;
Dh' fhalbh na feidh as an aonach—cha 'n ioghnadh sud leam—
Cha chluinnear guth gaothair no faoghaid 'san Dùn.

Leam is duilich mar thachair nach d' thainig sibh nall
Mu'n deachaidh 'ur glacadh le acanan teann ;
Na'm biodh uachdaran dligheach na shuidh' air 'ur ceann,
Cha rachadh 'ur sgapadh gu machair nan Gall.

Cha b'i mhachair bu taitnich le na Glaisich dhol ann,
'Nuair a thigeadh an samhradh, ach braighe nan gleann ;
Bhiodh aran, ìm, agus càise, ga'n arach gun taing,
Crodh-laoigh air an airidh, bliochd a's dair ann's an am.

Cha 'n'eil 'n 'ur ceann-cinnidh ach duine gun treoir,
Tha fo smachd nan daoin-uaisle chuireas tuathal a shron,
Nach iarradh dhe'n t-saoghal ach caoirich air lòn,
An aite na tuatha a bha buan aig a sheors.

Sgrios as air na caoirich as gach taobh dhe'n Roinn-Eorp',
Cloimh a's cnamhag a's caoile, at nam maodal a's cròic,
Gabhail dalladh na'n suilean, agus mùsg air an sroin,
Madadh-ruadh agus fireun a' cur dìth air a' phòr.

Guidheam bracsaidh 's na h-oisgean, 's ploc a's tuaineal na'n ceann
'Sa' chroimheag 'san iorbal, gu ruig an eanachainn 'san t-sron ;
'S gun a h-aon bhi ri fhaicinn, ach craicinn gun fheoil,
Na cibeirean glas a' tarsuinn as gun snaithn' bhrog.

Maoir a's madaidh na'n deigh, gu'm b'e mo raghainn do'n phòr,
Bhi ga'n tarrainn gu priosan, 'sa bhi ga'n diteadh aig mod ;
Gun dad de thoil-inntinn aig ciobair de'n t-seors',
Ach dol an tigh-obrach, 's an cuipe ri shroin.

Tha diochuimhn' orm fhathast 's cha n' fhaod e bhi ann,
'S an teid *factor* na duthcha an curban gle theann ;
Gun snathain mu choluinn ach briogais gun bhann,
'S a bhualadh le slatan, bho chasan gu cheann ;

A chur ann an leaba gun dad a bhi ann
Ach dris chur fo choluinn a's droighionn fo cheann ,
A's cluaran air uachdar, 's a bhualadh gu teann,
'S an teid an cu-badhail do dh-Athall na dheann.

I often heard my dear parents singing the following beautiful
elegy, but when trying lately to write the words of it I could not
satisfactorily succeed. My difficulty being made known to the
editor of the "Celtic Magazine," he kindly lent me the MS. from
which I copied the whole song. I do not know the name of the
author of the elegy, but it seems to me that it was composed in
memory of Alex. Mackenzie, eighth laird of Fairburn, to whom
the estates, forfeited in 1715, were restored in 1731. He was
succeeded by his eldest son, Roderick. See "History and Genea-
ologies of the Mackenzies," by Alex. Mackenzie, p. 385.

MARBHRANN DHA ALASTAIR FARBRAINN.

Gur muladach mi leam fhin,
Gun duine mu 'n cuairt,
Air bealach na pairce,
Ag amharc air d'aite bhuam ;
Gur lionmhor bean chraidhte,
Fear boineid a's paisde truagh,
Tha galach an drast,
Mu naigheachd a chraidh an sluagh.

'S lionmhor fleasgach na d' thir,
Fad seachdain nach cir a ghruag,
Agus cridhe tha sgith,
Bho'n thog iad a' chis ud bhuainn ;
Ged tha choille fo bhlath,
Gun d' atharraich pairt dhi snuadh,
Cha b'e samhradh le bhlàs,
Thug abhul na pairce bhuainn.

Gur guileach a dh'fhag Dimairt,
Bochdan an tuir,
Tha aobhar an craidh,
Mar sgail a lot air an suil,
Mu'n Alastair phriseil,
Righ bu mhaisiche gnuis,
'S a dh'aindeoin na chi,
Cha dirich fear air do chlin.

Far an d' fhuair mi mo radharc,
Bu ghleadharach fion mu bhuird,
Fad s' bha thu anns na breathaibh,
Do leithid cha robh air ar cùl;
Gur iomadh fear fearainn,
A tharraing thu riabh gu Tùr
Nan iomadaidh sluaigh,
Gun tighinn air tuath do dhùch.

Cha b' eol dhomh fear d' fhasain,
An Alba no Sasunn nan cliar,
'S e 'n gille bu bhochda,
Bu toirteala leat ann am miadh;
Gur tric a rinn d' onair dhuinn,
Sonas am Monar nam fiadh,
Bho'n chaidh thu 'san uir,
Gur tùrsach fearaibh nan crioch,

Bho'n chaidh thu 'san uir,
Gur tùrsach fir as do dheigh;
Na'n deanadh e treoir,
Bhitheadh bròn air iomadaidh ceud;
Gur iomadh fear leointe,
'Nam thional do dhrobh gu feill,
Mu ghlac mhalairt an oir,
Bhi 'n cisde chaol bhord 's na céir.

Ann an cisde chaol bhord fo shròl,
Bha fear san robh cial,
'S tu b' iochdmhoire ghnath,
Ri cumail do dhaimh gu dion;
'S tu bu duineile tlas,
Dha facas dhe'n àlach riamh,
Fhir cheannas na bh'ann,
Sliochd Ruairidh nan lann 's nan sgiath.

Shliochd Ruairidh nan lann,
B'e siubhal nam beann ur miann,
Mar chuiridh gun sgàth,
Air nach fhaigheadh a namhaid cis;
Bu leibh urram a' bhlair,
An cumhachd, 'sa' spairn, 'san strith,
'S mi chuala bhi 'g ràdh,
Nach robh samhuil dhuibh an gearrd an righ.

Tha gach neach dheth na dh'fhag thu,
A theaghlach an àidh fo ghruaim,
'S iad mar chairt air a' chlàr,
A' facain a cheath'rnaich bhuath ;
Am mac tha na d' aite,
A Ghradhaich neartaich suas,
Ach an coisin e' n cluith,
Bhi na cheannard air Tùr nam buadh.

'S ann am freasdal Mhic Dhe,
Tha do shliochd as do dheigh bhi buan,
Bho'n as iomadh na ceudan,
Ghuidheadh do sgeula cruaidh ;
Iad a gearradh nam beum
Mu'n t-suil mheallaich 'n robh 'n fheil air chuairt,
S' iomadh fear agus te,
Thug am beannachd an deigh na fhuair.

'S iomadh maighdean ghlan ur,
Agus fleasgach a's boiche snuadh,
Tha sileadh nan deur,
Bho'n chuir iad thu, sheoid, na d'uaigh ;
Luchd iomain nam bo,
Ri iomadan mor bochd truadh,
Iad gun taiscaladh coir,
Bho'n thaisgeadh do dhorlach bhuath.

'S beag neonach an gaoir,
'S cuis eagail an t-aog gun truas,
Tha tighinn mar mhaor,
Le bagar cha 'n fhaodar bhuaidh ;
Cha' n'eil neach fò na ghrein,
S' urra teicheadh an ceum gha 'n gluais,
S' thug e marcach nan steud,
Bu cheannard air cheudan sluaigh.

Craobh nan abhal a b'aillte,
Nach 'eil aon anns a' phairc cho mòr,
Nach d' fhuirich ri h-aois
Ach a gearradh na maothan og ;
Do fhear foghainteach treun,
Dha' m bu shoilleir 's dha 'm bu leur a' choir,
'S nuair a bhitheadh tu air feill,
'Si do lamh a rinn feile air or ;

Gur misde tir Alba thu dh' fhalbh,
Bhuath uile gu leir,
Air chumachd, air dhealbh, air ainm,
Air ghliocas 's air cheil ;
Ged thigeadh Clann-Choinnich,
S na shloinninn-sa dhiubh gu leir,
Cha 'n fhaicear cho soilleir iad,
Tuillidh bho'n dh' fhalbh thu fhein.

'S iomadh fleasgach tha cianail,
Nam teannadh ri fion 's gha òl,
Eadar Cromba ud shios,
'S an ruigeadh e crioch Mhic-Leoid ;
'Sann a gheobhadh tu 'n t-aite,
Ann an Sasunn nan càl s' nan cleòc,
Ruith a sgeul ud fos 'naird,
Gun bhun eug dhut gun dail, a sheoid,

Lamh mhalairt nan crun,
Fear ceartais gun smur air mod,
Anns an t-saighdearachd chruaidh,
Sud na fir dha 'm bu dual bhi n tòs ;
Cha robh 'n taobhsa do 'n chrich,
Ris nach ruisgeadh tu pic na d' dhorn,
'S bu shar lamh thu air tir,
An am tional an ní sa chro.

Tha mi nis air fàs mall,
'S mi ri iomadan gann mo sgeoil,
Cha n'eil teang ann am cheann,
Chuireas dreach air mo chainnt ach sgleo ;
Ruith a sgeula man cuairt,
Gun d'iomaich thu bhuainn, a sheoid,
Sud an nigheachd bha cruaidh,
'S iomadh fear bha ri suathadh dhorn.

I never heard who composed this Elegy, but the author makes it clear in the first verse that he is lamenting the death of "Ruari Mac Alastair Oig," the ninth Laird of Fairburn. Next July it will be fifty years since I went to reside in England, and remained for forty-one years in that land of liberty. From the day I left my native district—Strathglass—in July 1835, till now, I never heard as much as one verse of "Cumha Ruari 'ic Alastair Oig." Consequently, this version may be imperfect, and if anyone

can send a corrected or extended version of the song to the Sec
tary of the Gaelic Society, or to myself, he will be conferrin
favour on me.

CUMHA DO RUAIRIDH, FEAR FARBRAINN.

Sgìth mi ag amharc an droma,
  Far bheil luchd nan cul donna fo bhron ;
Ann am Farbrainn an Tuir so,
  Far am bu shilteach an suilean le deoir ;
Lot an suilean dha 'n gearan,
  Bas Ruairidh, Mhic Alastair Oig ;
Gum bu dhalta 'Righ Alb' thu,
  'S oighre dligheach Fhir Farbrainn an coir.

'S iomadh cridhe bha deurach,
  An àm dhol fodha na greine Diluain,
Aig a' chachaileidh 'n dé so,
  'S an deach na h-eachaibh 's na séis a thoirt uaibh ;
Shil air suilean do phéidse,
  Sud an acaid a leum orra cruaidh ;
Ach 's ann ann a bha ghair bhochd
  Dha do thogail air ghairdean an t-sluaigh.

Na 'm bu daoine le 'n ardan
  A bhiodh coireach ri d' fhagail an cill,
Mur a marbht' ann am blar thu,
  'Casgadh maslaidh as taire do 'n Righ,
Chan 'eil duine no paisde
  A b' urrainn biodag a shathadh no sgian,
Nach biodh uil' air do thoireachd,
  Eadar Cataobh 's Caol-Rònach nan ian.

Dh' eireadh sud 's an Taobh-tuath leat,
  Mac-Coinnich, le shluagh air an ceann,
Eadar Leodhas 's na h-Earadh,
  Cinn-t-saile, Loch-Carunn, 's Loch-Aills' ;
Bu leat armuinn na Comraich,
  Agus pairt dh' fhearaibh donn' Innse-Gall,
Mar sud a's siol 'Ille-Chaluim,
  'S iad a' dioladh na fola gu teann.

Dh' eireadh sud mu do ghuaillibh,
  Na 'n cluinnt' thu bhi 'n cruadal no 'n càs,
Clann Eachainn nan roilean,
  'S cha bu ghealtach an toiseachadh blair ;

Bhiodh da shlios Locha-Braon leat,
  'S ged bhitheadh cha b' ioghnadh leam e,
Mar sud 's a' Choigeach Chinn-Asainn,
  Dha do chomhnadh, fhir ghasda, 's an spairn.

Bu leat na Gordanaich rioghail—
  'S iad nach sòradh am fion mu do champ—
'S gun seasadh iad dileas
  Gus an cailleadh iad direach an ceann ;
Clann-an-Toisich nam pios leat ;
  Bha iad crosda 'n uair shineadh iad garg ;
'S mur deach fad' air mo chuimhne,
  Thigeadh brod Chlann-'ic-Aoidh leat a nall.

Gheibhteadh iasgach mu d' bhaile,
  Agus fiadhach mu d' ghleannaibh gu h-ard ;
Gheibhteadh boc agus maoiseach
  Anns gach doire 's air aodainn nan carn ;
Bu leat Conainn gu iasgach,
  Agus Monar gu fiadhach, a sheoid,
Oidhche Challainn, na 'm b' aill leat,
  Gheibhteadh bradan bho'n Ain-eas gu d' bhord.

Gur trom tursach am bannal
  Tha anns an Tur bhallach a thamh,
'S iad a' spionadh an cuailein—
  Mo chreach, is goirt truagh leam an càs !
Tha mo choill air a maoladh,
  Gus an abuich na maothanaich og',
'S mas-a toileach le Dia e,
  Na 'm bu fad' ach an lion iad do chòt'.

S tim dhomh sgur dheth mo mhulad—
  Mo chreach leir mi cha bhuidhnig e bonn—
'S ann is fheudar dhomh sgur dheth ;
  Na d' dheigh theid gach duin' air an fhonn.
Mar na coilltichean connaidh,
  Tha na saighdean a' pronnadh nan sonn ;
Sgith mi dh' amharc an droma
  Far bheil luchd nan cul donna gu trom.

This is a "Soraidh," or salutation, from John Macrae, i.e.
Ian Mac Mhurchaidh, the Kintail Bard, to the people of Strath-
glass, in which he enlarges on their well-known hospitality and
convivial habits ; the musical sweetness and modest demeanour
of their matrons and maidens, uncontaminated by modern fashions
and frivolities :—

SORAIDH DO MHUINNTIR STRA-GHLAIS.

Fhir a theid thar a' mhonadh,
Bheir mise dhut dolar,
Agus liubhair mo shoraidh,
   Gu sàbhailt,
     Fhir a theid, &c.

Air faidead na slighe,
Na leig i air mhi-thoirt,
Gus an ruig thu 'n tigh-dibh'
   Anns a' Bhraighe.
     Air faidead, &c.

Bheir Seònaid an toiseach,
Gun mhòran a chosd dhut
Na dh' fhoghnas a nochd dhut
   Gu sàbhailt.
     Bheir Seonaid, &c.

Bidh failt' agus furan,
Agus òl air an tunna,
'S an stòpan beag ullamh
   Dha phaidheadh.
     Bidh failte, &c.

Theirig sios feadh na tuatha,
Ris an can iad na h-uaislean,
'S cha' n fhaigh thu fear gruamach.
   Mu 'n fhàrdaich.
     Theirig sios, &c.

Tha 'n duthaich ud uile,
Air a lionadh le furan,
Bho iochdar a bun
   Gus a braighe.
     Tha 'n duthaich, &c.

Le mnài ceanalta, còire,
Is grinne air am meoirean,
'S is binn ghabhas crònan,
   Dha 'm paisdean,
     Le mnai, &c.

Le maighdeanan naiseach,
Nach d'ionnsaich droch fhasan,
Ach ullamh gu
   Taisbeanadh cairdeis
     Le maigh deanan, &c.

Na rach sios thar a' bhaile
Ris an can iad Bun-chanaich ;
Thoir a mach ort
    An Gleannan 'is airde*
    Na teirig, &c.

Tha coig bailtean urad,
Gus am fiach dhut'do thuras,
Gheibh thu fiadhach a' ghunna
    Bho phairt diubh,
    Tha coig, &c.

I will now give you some of the hymns which used to be sung from my earliest recollection in Strathglass :—

CRABHADH DO DH-AINM IOSA.

Dh' fhoghnadh smaointean air t' ainm, Ios,
Gu sòlas dian a ghin' am chré ;
Cuilm bu taitniche na fion,
M' inntinn ga m' lionadh le d' spéis.

Cha taisbean binneas theudan ciùil,
Cha nochd seanachas no tùr sluaigh,
Cho luachor 's tha 'n t-ainm ud dhuinn,
'S aingle le umhlachd ga luaidh.

Gach ni tha 'm flathanas Dé,
Air talamh no fo 'n talamh shios,
Lubaidh an glun gu leir,
Nuair chluinneas iad ainm euchdach Ios'.

Ios' an t-ainm os cionn gach ainm,
Beatha m' anma 's mo leigh,
Ged is tric a thoill mi t' fhearg,
Bithidh mi leanmhuinn air do dhèigh.

'N uair a dh' iarras an saoghal 's an fheoil
Ormsa do-bheart a chur an gniomh,
Diridh mo spiorad mar is coir,
Gu Righ na Trocaire gu dhion.

---

* This alludes to Glencannich, noted at that time for happy tenantry and famous deer-stalkers.

3

Air sgiathaibh creidhimh agus gràidh
Teichidh mi gu gàradh mo mhiann,
Far an d' fhuilig Criost a phàis,
Is fallus ga fhàsgadh ro dhian.

'S a' ghàradh choisinn sinn am bàs ;
Pheacaich Adhamh, dh' ith e'm meas ;
S a' ghàradh dh' umhlaich Righ nan Gras
E fhein, gur sabhaladh bho sgrios.

Bhuaileadh Cibear nan caoin bheus,
Sgapadh a threud 'sa luchd-dàimh,
Chaidh Criost an cuibhrich le ostal fhein,
Chuir pog an eucoraich e'n laimh.

Guilemaid mu d' dhiols', a Chriost,
Na d' bhall-buird am measg do naimh ;
O 's iad ar peacannan a sgiurs,
'S a sparr le cràdh an crùn mu d' cheann.

Choluinn, umhlaich sios thu fhein,
Aig bun a' chroinn-cheusd a dh-Ios',
'S na cuir tuilleadh e gu pein,
Ag urachadh a chreuchd' le d' ghniomh.

M' anam, umhlaich sios dha d' Dhia,
Las mar theine dian do ghaol,
Smaoinich na dh' fhuilig do Thriath,
Dh' ionnsaidh d' fhiachan a bhi saor.

Thug e ghoimh dhuinn' as a bhàs,
Thionndaidh e na phàras an uaigh ;
'N uair rinn e aiseirigh nan gràs,
'Choisinn air gach namhaid buaidh.

Cliu dha 'n Athair, cliu dha 'n Mhac,
Cliu dha 'n Spiorad neartmhor naomh ;
Trionaid chumhachdach nam feart,
Molamaid mu seach 's mar aon. *Amen.*

CRABHDH DO 'N SPIORAD NAOMH.

A Spioraid Naoimh ar n-ard threise,
Thig bho ghrian-chathair do ghloir';
Sgaoil gach ceo tha ga'r cur iomrall,
'S leig soillsean dhe d' sholus oirnn.

Thig, O Athair nan diol-déirce,
Do gach feumnach sin do lamh ;
A Lamh bho'n tig gach rogha gibht,
Soilleirich gach cridhe dall.

A Righ na cofhurtachd 's an t-sòlais,
Bu tu Aoidh an àigh dha 'n anam ;
Cha 'n fhairich e teas no ganntar,
Is e na d' laimhs' a' triall gu aineol.

Is tu bheireadh furtachd agus tàmh,
Do 'n phiantach a bhios fo sgios ;
A mhal' air an laidh am pràmh,
'S ann agads tha sòlas di.

A Sholuis is aillidh snuadh,
Na bi 'n dubhar oirnn nar càs ;
Ach ann an cridhe do chreidich ghaoil,
Beothaich teine caomh do gràidh.

Gun do chomhnadhs', a Dhia thrèin,
Cha 'n 'eil sgoinn am mac an duine ;
Cha 'n 'eil ceann gun lochd fo 'n ghréin,
'S ann ad mheinnse tha sinn uile.

Glansa dhinn gach uile thruailleachd,
Uisgich le d' ghrasan ar tart,
Leighis gach anam tha leointe,
Striochd na rag-mhuin'laich ri d' reachd.

Taisich neimh a' chridhe chruaidh,
Bi d' chairt-iuil duinn anns gach gàbhadh ;
'S dha na creidich tha na d' earbsa,
Thoir seachd tiodhlaicean do gràidh.

Treoraich na creidich ri'm beo,
'S na treig iad an uair am bàis ;
Sabhail an anam 'o phian,
'S gu'm meal iad do shith gu bràch. *Amen.*

TE DEUM, NO LAOIDH MOLAIDH DO DHIA.

Tha sinn, a Dhia, 'seinn do chliu,
Ag aideachadh gur tu ar Triath,
Toirt urraim dhut tha 'n domhan mor :
Athair gun tùs gun chrich.

Tha na h-Aingle naomh gu leir,
Tha Cumhachdan néamh gu h-ard ;
Tha Cherubim le caithream binn,
Is Seraphim a' seinn gun tàmh :

Is Naomh, Naomh, Naomh
Thu, Thighearna Dhia nan slògh ;
Tha neamh is talamh lan,
Le d' mhorachd us le d' ghloir.

Tha còisridh ghlormhor Ostala,
Tha Fàidhean 's airde cliu,
Tha armailte geal nam Mairtirean,
Ga d' mholadh, a Righ nan dùl.

Anns gach àite a ta fo 'n ghrein,
Tha t'Eaglais naomh, a Dhia,
Ag aoradh dhut 's a' toirt geill ;
Athair na morachd gun chrioch.

Aig t'aon Mhac naomh tha h-uile còir,
Air urram is gloir mar-aon ;
Mar sin 's an Ti ni cobhair oirnn,
An treas pearsa do 'n Trionaid naoimh.

'S tus, a Chriosta, Righ na gloir',
'S tu Mac Siorruidh gun tùs,
Nach d' rinn tàir air com na h-Oighe,
Gu sabhaladh a cheannach dhuiuu.

Thug thu buaidh air guin a' bhàis,
Dh' fhosgail thu dha d' chreidich neamh
'S tu tha 'n gloir Athar nan gràs,
Na d' shuidhe air deas lainh D'hè.

Thig thu thoirt breith air an t-sluagh ;
Gabh truas dhed mhuinntir fein,
A shaor thu le d' fhuil bu mhor luach,
A thaom bhuat troimh ioma creuchd.

Mealadh iad do ghloir gu bràch,
Air an aireamh measg nan naomh,
Fo sgéith do chumhachd biodh iad slan,
Ann an seilbh do ghrasan caomh.

Riaghail iad is dian dhaibh iul ;
Stiuir iad gu beatha bhuain ;
Molaidh sinn thu, Dhia nan dùl,
Gach là bithidh do chliù ga luaidh.

Molaidh sinn t' ainm gun tàmh,
Gu lath ar bàis 's na dheigh ;
Cliù bheirear dhut gu bràch ;
Dion sinn le 'd ghras c bheud.

Dian trocair oirnn, a Dhia nan gras ;
Reir ar n-earbsa dian trocair oirnn,
Mo dhochas tha unnads' a mhain ;
Chaoidh cha bhi faillinn orm. *Amen.*

ANNSACHD NAOMH MOIRE.

Fhir-tighe Naomh Moire, 's oid-altrum a Mic !
Tha saoghal mar fhàsach do dh 'anrach fann, sgith ;
Fo chiaradh nan speuran cha leir le mo shuil
Ach, annsachd Naomh Moire, na cuir-sa rium cùl
O annsachd Naomh Moire, 's tu thaghainn mar iùl.

'S tu dhiongas dha'n choigreach cùl taice 's ceann aoidh
Fhuair Iosa agus Moire sàr chobhair fo d' iùl
O Ioseph nam beannachd ! cha b'fheagal domh chaoidh
O annsachd Naomh Moire, ach thusa ri m' thaobh,
O annsachd Naomh Moire, na treigse mi chaoidh.

O Ioseph fhuair giftean 'us earras 'us cliù,
Mac samhuil air thalamh do dh-athair Mhic Dhe,
Bha Iosa mar Mhac dhuit ; gabh mis air do 'sgà,
O annsachd Naomh Moire, dhalta na àit',
O annsachd Naomh Moire mar dhalt duit gu bràch.

Bha dà ailleagain neamh air faontraigh nar measg,
Rinn thusa cùl taice dha'n Mhaighdinn 's dha Mac
Sheas thu athair do dh-Iosa ; bith d'athair dhomh chaoidh,
O annsachd Naomh Moire, 's bheir mise dhuit gaol,,
O annsachd Naomh Moire 's cha teirig mo ghaol.

THU RIAMH GUN SMAL.

A Mhoire ! 's eibhinn m'fhonn 's gur eutrom,
Lion aiteas clann Dé mi 'n diugh ;
Fhuair m' anam braon do dh-aighear Phàras.
B'e 'n sar aileas a bhi thamh ann tur !

Fonn.

An am bhi cuimhneachadh air do staid,
Air do mhorachd 's air do mhais,
'S eibhinn linn 'bhi seinn gun stad,
Thu riamh gun smal, thu riamh gun smal !

'S miann-sùil le Iosa do chruth rò ghlan
T' aghaidh ghlòirmhor is aillidh aoidh—
'S fo iùl-s' chaidh ur-laoidh an diugh 's gach aite
Le foirm fos n-aird ort san Eaglais naoimh.

Togaidh ainglean binne ceolmhor,
Suas fonn òrain a chinnidh-dhaonn'
'S thig naoimh Neamh na'n ioma comhlan
Thoir cìs mar 's còir do Bhanrigh nan Naomh.

Do ghin gun smal! Rinn Dia riut gràs
Nach d'fhuair fo lamhs' mhain ach thu ;
Gràs a bhoisgeas a chaoidh mar dhaoimean
Air uchd saibhir Righ-nan-dùl.

MOIRE AN DU-BHROIN.

Sheas lamh ri Crann-ceusaidh Iosa a Mhàthair.—Eoin xix., 25.

Bu trom a bròn,
Bu ghoirt a leon
Bu dlù na deoir
Bho shuil na h-Oigh,
'S Sàr-Mhac òg
San dòruinn mhoir,
Ga cheusadh beò
   'S i 'g amharc air.

Co chuala no chunna,
Measg mnatha na cruinne,
Tè eile a dh' fhuilig
Do chruadalsa, Mhuire !
Co è a b' urra,
Gun ghuth dubhach,
'S gun shuil struthach,
   Aithris air.

Bha 'cridhe air a leòn
Lè claidheamh a bhròin,
B' ùr acaid dh'i'm beo
Gach cneadh bha na fheols',
'S é bho chridhe gu dhorn,
Bho mhullach gu bhróig,
Gun eang, gun òirleach
   Fallain deth.

'Sè mhiaduich a cràdh
Sa theannaich a spàirn,
Gur è 's ceann-fath
Dha osnaich 's dha phàis
'S dha lotan bàis,
Am peacadh gun agh
A rinneadh lè càirdean
    Aineolach.

A mhìn Mhoir-Oigh !
A' bhanrigh 'n du-bhròin !
Le Magdalen 's Eoin,
Thoir cead seasamh dhomhs',
Bho 'n 's ro-math mo chòirs'
Dhol fo d' mhulad 's fo d' leòn,
Sa shileadh nan deoir
    Air Calbhari.

'S gach troidh 's gach dearna
'S mi chuir àlach ;
Mo pheacadh bais-se
An t-sleagh a ràinig
Cridhe mo Shlanuighear,
'S mise a shàth i—
Fath mo nàire
    'S m' aithreachais !

An crochadh ri craoibh
Tha cuspair mo ghaoil,
A chridhe fosgailt le faoilt
Sa ghàirdeanan sgaoilt
Gu m' fhalach na thaobh ;
Sud ceann-uidh nan naomh,
Tearmunn 's dachaidh an taobhsa
    Fhlathannas.

Crann-ceusaidh mo ghraidh,
Sud leabhar an aigh
As an ionnsuichear crabh,
Umhlachd gu làr,
Umhailteachd gu bás,
Olc a mhathadh do chách,
'S priomh-shubhailc a ghràidh
    Sior-mhaireannuich.

Bho lotan bàis
Leum fuarain ghràs,
Nach traogh 's nach tràigh
A chaoidh nan tràth—
A Mhoire mo ghràidh !
Dian riumsa bàigh,
'S cha ruith iad gun stà
   Dha m' anamsa.

A mathair, riamh
A fhuair na dh' iarr,
Air t'aon ghin Ios'
Guidh agus grios,
Gu maith é ar fiach,
'S gu leasuich ar gniomh,
'S gu meal sinn gu siorruidh
   Flathanas.
    Gliu gu brath do dhia.

As it is now getting late, and the time for us to wend our way homewards, I will conclude with an *altachadh laidhe.* In my young days in Strathglass the words of this *altachadh* were invariably the last words the people used after going to bed and before sleeping ; and during the last 60 years I have never, on any night in my recollection, failed to say them myself :—

AN T-ALTACHADH LAIDHE.

Laidhidh mis 'a nochd
Le Moire 's le' Mac ;
Mathair mo Righ
Ga m' dhion bho'n olc.
Laidhidh mi le Dia,
'S laidhidh Dia leam ;
Cha laidh mi leis an olc,
Cha laidh an t-olc leam.
Eiridh mi le Dia
Ma 's ceadach le Dia leigeil leam.
Deas-lamh Dhia,
A Chriosta, gun robh leam.
Bho throidhean mo bhuinn
Gu mullach mo chinn
Guidhim Peadar, guidhim Pol,
Guidhim Moire oigh agus a Mac,

Guidhim air an da Ostal deug
Gun mise dhol eug a nochd.
A Chriosta chumhachdaich na gloire,
A mhic na h-Oighe 's gloine cursa,
Seachainn sinn bho thigh nam piau,
Tha gu h-iosal, dorcha, duinte.
Fhad's a bhios a' cholluinn na cadal
Biodh an t-anam air bharraibh na firinn*
An co-chomunn nan Naomh.   *Amen.*

Air bharraibh na firinn -On the roads of truth.

ORAIN AGUS SGEULACHDAN SHRATH-GHLAIS.

THE

SONGS & TRADITIONS OF STRATHGLASS.

BY

COLIN CHISHOLM, Namur Cottage,

An Honorary Chieftain of the Gaelic Society of Inverness.

Reprinted from the Transactions of the Gaelic Society of Inverness.

INVERNESS:
PRINTED AT THE COURIER OFFICE.
1884.

ORAIN AGUS SGEULACHDAN SHRATH-GHLAIS.

LE CAILEAN SIOSAL, an Inbhirnis.

———

Anns a' cheud dol sios is coir dhomh innse dhuibh gu'm beil e air aithris am measg seann mhuinntir na duthcha nach robh Tighearna-fearainn air Gaidhealtachd Alba na b' fhearr—ma bha cho math—ri Siosalach Shrath-ghlais. Bha bhuaidh so orra, reir sgeoil, bho linn gu linn, gach fear mar a thigeadh a' toirt barr air na bha roimhe—gus an d' thainig Uilleam bochd. Bha iad ro thuigseach agus ro chaoimhneil air cheann sluaigh, agus bha'n sluagh ro ghaolach orra; rachadh iad troimh theine 's troimh uisge airson an uachdarain. So mar thuirt fear dhiubh 'nuair a chuala e gu 'n robh na tri linntean—an t-athair, am mac, agus an t-ogha—ann an Caisteal an t-Siosalaich :—

Aoibheag, aoibheag, ho,
Na bheil romham.

'S aighearach mi,
Dol air mi adhart.

Aoibheag, aoibheag, ho,
Na bheil romham.

'S ait mo sgeul,
'S gur math mo ghnothach.

Aoibheag, aoibheag, ho,
Na bheil romham.

Tha caisteal an
T-Siosalaich romham.

Aoibheag, aoibheag, ho,
Na bheil romham ;

Tha 'n t-athair, am mac,
'S an t-ogha ann.

After the death of the " Fair Chisholm "—an *Siosalach Ban* —in the year 1793, Donald Chisholm, *alias* Donull Gobha, composed the following elegy.   It was said in the Highlands, and believed by his tenantry, that this Chisholm was one of the best landlords in all Scotland.   It is this Chisholm whom the poets have immortalised for having refused to give his lands at increased rents to the south country shepherds.   He was married to an excellent lady, the daughter of a Dr Wilson, in Edinburgh.   He left a large portion of the estate for his widow during her lifetime.   She lived for thirty-three years after her husband's death, and such were her wise and judicious arrangements that she never turned one tenant off the estate, nor did she deprive them of one acre of land : —

Ach mo thruaighe 'ghiorad 's a mhaireas gach aoibhneas saoghalta.   Ged a b' aoibhinn 's ged a b' aighearach am bard a thug sgeula cho taitneach dhuinn mu na tri linntean a bha roimhe ann an Caisteal an t-Siosalaich, cha robh an uine fada gus an robh an t-athair, 's am mac agus an t-ogha air an cur fo lic 'san uaigh ann an Seann Teampull Manachainn Mhic-Shimidh. 'S ann mar so a sheinn Donull Gobha (cluinnidh sibh moran, mu 'n bhard so gu h-aithghcarr), cuid de na marbhrainn a chaidh dheanamh air an triuir Shiosalach :—

Och nan ochan 's mi fein,
Chaidh mo chadal an eis,
An diugh cha leir dhomh,
Ach eiginn sgleo.

'S tric mi 'n iomadain truagh
Mu'n eug thug Alasdair bhuainn,
Craobh nan abhall
A b' uaisle meoir.

Bas an t-Siosalaich threin,
Bhrist air aisnibh mo chleibh,
Thu bhi ac' ann
An ciste bhord.

Chaill sinn Ruairi an aigh,
Fear dh'fhuasgladh gach càs,
An diugh cha 'n aithne
Dhomh 'aicheadh beo.

Anns a' Mhanachuinn 'san uir,
Dh'fhag sibh tasgaidh mo ruin,

Am mac, 'san t-athair,
Le 'm b' fhiu dhuinn falbh.

Bho 'n a ghlasaich mo chiabh
'S gu 'n do sheacaich mo bhian,
Thug an acaid so
Dhiom an fheoil.

Crann seudmhor nam buadh
Dh'fhag fir Alba fo ghruaim
'N uair a dh'ionndraich
Iad bhuath' thu, sheoid.

'S iomadh fear a bha 'm breis',
Eadar tuath agus deas,
Iad fo ghruaim,
'S ann an deise-bhroin.

Cha b'e ardachadh mail
Dh'fhag do bhancaichean lan,
Ach torc-sona
Bhi ghnath ad choir.

'S gur a fiosrach tha mi
Gu'n robh meas ort's gach tir,
Ann am Parlamaid Righ,
'S aig mòd.

'Nuair a shuidheadh tu'n cuirt
Bu leat eisdeachd 's tu b' fhiu—
Chuireadh d'fhocal
Gach cuis air seol.

Bha gach fasan a b' fhearr
Ann am pearsa mo ghraidh,
Ach co mhealas,
An drasd a chòt'?

Bu leat faghaid nan gleann,
'S fuaim nan gaothar na 'n deann,
Fhir a leagadh
Na maing le sgòrr.

Leat a chinneadh an t-sealg,
Ann am frith nan damh dearg,
Eadar Finne-ghleann,
Is Cioch an fheoir,

Eadar Comunn-nan-allt,
Agus garbh-shlios nam beann,
Eadar Fairthir,
'S an Caorunn gorm.

Mar tha 'n sean-fhacal ceart,
Mol a' mhachair 's na treabh,
Diomail fasgadh,
A' phris 's na fag.

Seall gur Gaidhealtachd Glais,
Na dean Galld' i le lagh,
Tuig a comas,
A's creid mar tha.

Coisinn beannachadh Dhia,
Duine bochd na leig dhiot,
'S thoir lan cheartas,
Do'n Ti 's fhearr.

Anns a' bhliadhna 1793, chaochail Alasdair Og, no mar their-
eadh iad ris am bidheantas, "An Siosalach Bàn." An deigh bas
Alasdair fhuair Uilleam, am brathair a b' oige, an oighreachd. Da
bhliadhna 'n deigh sin phos Uilleam bean uasal, Lisidh, nighean
tighearna Ghlinne-gairidh. Coig-bliadhna-deug an deigh dhaibh
posadh rugadh oighre dhaibh. Bho 'n la phos iad bha duil aca
gu 'm biodh iad na bu shona le cibeirean 's le caoirich-mhora, na
bha iad le deagh thuath 's le crodh-dubh. Bha sluagh na duthcha
faicinn agus a' faireachdainn so. Ged bu trom 's ged bu duilich
leo tir an eolais fhagail, bha iad a' togail an inntinn ri America.
Gu misneachd a chumail riu chuir duine gasda a mhuinntir
Mheinne na facail so ann am fonn dhaibh :—

Theid sinn a dh-America,
'S gur e ar deireadh falbh ann ;
Ni sinn fearunn de na choille,
Far nach teirig airgiod.

Gheibh sinn cairdean romhainn ann,
Oifigich ro ainmeil,
Tha cuid aig am bheil storas dhiubh,
'S cha b' fhiach iad grot 'nuair dh'fhalbh iad.

Meoirean chraobh air lubadh ann,
Le ubhlan glas a's dearga,
Gheibh sinn beoir gun chunntas ann,
A chuireadh surd san anfhann.

Marbhaisg air na tighearnan,
An ruith th' ac' air an airgiod,
'S fhearr leo baidean chaorach,
Na 'n cuid daoine 's iad fo armachd.

Is ann bho Mhairi mhath, aon nighean an t-Siosalaich Bhain,
a dh'ionnsaich mi 'n ceathramh rann de'n aidheam a sheinn mi
dhuibh. Bha i corr is leth-chiad bliadhna air falbh as an Taobh-
Tuath mus cuala mis' i 'seinn an orain so. 'S ann an Lunainn a
fhuair mise eolas oirre. Bha i posda ri ceannaiche beirteach ann
an Lunainn dha 'm b'ainn Seumas Gooden. B'e 'n ceannaiche
so athair, agus b'i deagh Mhairi, nighean an t-Siosalaich, mathair
Mhaighstir Seumas Siosal Gooden, a dhearbh a dhurachd agus a
thoil mhath dha na Chomunn so le 'sheachd ginidhnean a chur
ann an cridhe litreach dha 'n ionnsuidh. Chi sibh ainm an duine
uasail sin am measg maithean a' Chomuinn so. Agus chi sibh
'ainm am bidheantas am measg na tha do dh-uaislean na Gaidh-
ealtachd ann an Lunainn. Mar dh'fhaodas sibh a thuigsinn
mu'n dealaich sinn a nochd, bha Donull Siosal, no mar theireadh
seann mhuinntir na duthcha ris, " Donull dubh a' bheoil bhinn,"
no mar theireadh iad ris am bidheantas, Donull Gobha, na dhuine
glic, geur, tuigseach. Bha e na oranaiche ro mhath, agus a thaobh
's gu'n robh e na dhuine ro mhodhail, stuama, beusach, na ghiulan
agus 'na sheanachas, bhiodh islean a's uaislean deigheil air a
chuideachda. Theagamh gu'n cuir e iongantas oirbh 'nuair chluinn-
eas sibh gur ann na bhuachaille monaidh bha Donull Gobha corr
a's fichead bliadhna dhe 'shaoghal. Tha beinn mhor aluinn
ghorm ann an ceann shuas Ghlinn Afaraig am braighe Shra-ghlais
dha 'n ainm A' Chioch. Eadar an uine a bha Donull na bhua-
chaille 's na aireach agus an uine a bha roinn de'n bheinn so aige
fein air mhal an ceangal ri earrainn de Chnoc-fhionn, tha e fein
ag innse dhuinn, mar dh'innseas mise gu h-aithghearr dhuibh, gu'n
robh e ceithir bliadhna 'sa fichead air a' Chich. Ach bha e ro-
thuirseach a' dealachadh ri dheagh bhanaltrum. So mar thoisich
e air innseadh a mhulaid 's air taomadh a dhosguinn :—

Mi m' shuidhe air a' Pholl-ruidhe,
'S m' inntinn trom fo bhonn bealaich.

Seisd—

Seinn, och ho ro, seinn,
Seinn, och ho ro, chailin,
Seinn, och ho ro, seinn.

An diugh cha dirich mi 'n t-ard-bheann,
'S cha 'n e thearnadh bu mhath leam.
Seinn, &c.

Tha leann-dubh orm a' drughadh,
'S uisg' mo shuilean ga m' dhalladh.
Seinn, &c.

Chuir mo bhanaltrum cul rium,
Chaill mi 'n cupan 'bha fallain.
Seinn, &c.

Fhuair na Frisealaich coir ort,
'S chaidh mis' fhogar le m' aindeoin.
Seinn, &c.

Ceithir bliadhna 'sa fichead,
Bha mi sid air do bhainne.
Seinn, &c.

'S tric a bha mi gu h-uallach,
Air do ghualainnean geala.
Seinn, &c.

Air a' Chrailiche chruadail,
An taobh shuas dhiot 's an earrach.
Seinn, &c.

'S fuar seideadh do shroine
'N uair a thoisicheas gaillionn.
Seinn, &c.

An sin fhreagair a' bheinn :—

De tha 'cur air mo phaisde,
Rinn mi arach gun ainnis.
Seinn, &c.

Gheibh thu criochan an Dunain,
'S Cnoc-fhionn, 's na bi talach.
Seinn, &c.

An sin fhreagair Donull :—

Cia-mar riaraicheas sin m' inntinn,
'S mi fhein cinnteach nach mair e ?
Seinn, &c.

Thainig aona gheamhradh a bha ro ghailbheach, gaillionnach, 'nuair a bha roinn aig Donull Gobha dhe na Chich. Thilg crodh Dhonuill na laoigh. Bho 'n bhitheas an iomagain an lorg a' challa, leig Donull air deanamh mach gur i Chioch bu choireach—theann e ri 'cainneadh, ach cha do leig i fad air adhart Donull gus na chuimhnich i dha gu 'n chuir e roimhe deagh ainm oirre. 'S b'fheudar dha sgur dhe bhi di-moladh na Ciche :—

> A chiochag bhreac riabhach,
> 'S mor mo dhiombadh-sa 'm bliadhn' ort
> 'S tu dh'fhag gun laoigh mo chrodh ciar-dhubh,
> 'S mi fein iarguinneach umpa.

> Nise bho'n tha mi
> 'S mi 'm fasgath na fasaich,
> Gur fhearr leam mar tha mi
> Na t'fhabharsa leam.

> Tha'n tigh mor dha do thearnadh
> Mar sin 's aonach na Crailich,
> Coire fad' Innse-laire,
> 'S e na sgàth ri do thaobh.

> " Tha thu 'g ithe do sheanchais,
> Chuir thu roimhe deagh ainm orm,
> 'S olc air mhath le do dheanachair,
> Bidh na banachaigean leam."

Mar thuirt mi ribh, bha Strath-ghlais sona gus na thoisich Uilleam truagh agus a bhean og ardánach, Lìsidh, nighean Mhic-'ic-Alastair, air cur na duthcha fo na caoirich mhora. Cha b' fhiach duine na 'n suileansa ach fear a theannadh ri stoc de chaoirich a chur suas. Agus mar tha fios agaibh dh' fheumadh na caoirich cead sgaoilidh bhi aca ; mar so bha talamh monaidh agus talamh aitich dha reiteach ; 's e sin ri radh—bha 'n tuath dha 'n cuir as an rathad air luchd nan caorach. 'Nuair chaidh an talamh thoirt bho 'n t-sluagh cha robh ann an Strath-ghlais ach aite bochd. Cha robh tacar mara no toradh tire aca, ach bha fathast stoc a's airgiod aca. Rinn iad an sin gach diongmhal-tas gu dol do dh-America. Am measg chaich chaill Donull Gobha am fearunn 's e nise na sheann duine. Eisdibh ri 'sheanchas fein :—

> Bha mi og ann an Strath-ghlais,
> 'S bha mi 'n duil nach rachainn as,

Nis' bho 'n chaidh na suinn fo lic
Gabhaidh mi ruith-treuda.
    O tha mi nise liath
    An deigh na chunnaic mi riamh ;
    Bho'n a's fheudar dhomh bhi triall,
    Siorrachd 's beag mo speis dha.

Ge do tha mo choiseachd trom,
Togaidh mi misneachd le fonn;
'Nuair a theid mi air an long,
Co chuireas rium geall-reise ?

An t-uachdaran a th' air nar ceann,
Tha mi'n duil gun chaill e dhaimh,
'S fhearr leis caoirich chur ri gleann
Na fir an camp le feileadh.

Comunn braithreil cha bhi ann,
Cha 'n eil eisneachd aig fear fann,
Mur cuir e caoirich ri gleann
'S ann air cheann na déirc' dha.

Na 'm falbhainn 'nuair bha mi og,
Gheibhinn rud air iomadh seol,
Nise bho'n chaill mi mo threoir
Stòr cha dean mi fhaotainn.

Ach gheibh sinn acraichean bho'n Righ,
Tighearnan a ni e dhinn,
Cha b'ionnan 's a bhi mar bha 'n linn
Bha paigheadh cis dha Ceasar.

Na gabhaibh eagal a cuan,
Faicibh mar sgoilt a' Mhuir-Ruadh,
'S cumhachdan an Dia tha shuas
An diugh cho buan 's an ceud la.

    Tha e soillear ri fhaicinn gu 'n thog Donull Gobha bheachd
dheth tir a dhuthchais 's gu'n robb e deanamh inntinn suas ri
falbh comhla ri comhlan mor de mhuinntir Shrath-ghlais a bha dol
thairis gu duthaich na coille, Nobha Scotia. Anns a cheart am sin
(1801, a reir mo bharail) thainig mac dha Donull Gobha air ais an
deigh dha bhi beagan bhliadhnaichean ann an America. Thug a
mhac misneachd dha 'n t-seann duine gu togail air. Eadar dheoin
's aindeoin dh'aontaich e ri falbh comhla ri mhac 's ri luchd-
duthcha. Goirid mu'n do sheol iad bha Donull Gobha aig coinn-

imh ann an Tigh-a-chlachain an Strathghlais, 's bha e ro mhulad-
ach a bhi fagail tir oige, 's thubhairt e—" Na'm faighinn larach
bothain aig bonn Alt-na-h-imrich, cha'n fhagainn Strath-ghlais gu
brach." Sith dha m' Athair, bha e 'san lathair mu'n robh fonn
no fearunn aige fein, 's chuala mi e cantuinn "Na'm biodh uiread
gu mo chomhairle san am sa bha ann bho'n la sin cha rachadh
Donull Gobha ri bheo thar a' chuain." Ach dh'fhalbh an seann
duine, mar thubhairt mi, comhla ri mhac, ri luchd-eolais, 's ri
muinntir dhuthchanan eile—mar chluinneas sibh gu h-aithghearr.
Bha gach aon dha 'm b'aithne Donull ro thoilichte e bhi air bord
comhla riu, 's iad cinnteach cho fad 'sa bhiodh air chomas dha
gu'n cumadh e oranan a's cridhealas riu. Cha robh iad air am
mealladh. So agaibh fear de na h-orain a rinn e air aird a' chuain.
Mar thuigeas sibh 's e ainm na luinge leis na sheol iad " ~~Flori~~ " [Aurora]—

'Nuair theid ~~Flori~~ [Aurora] na h-eideadh,
Cha bu mharcaiche steud-eich,
Bhuingeadh oirre geall-reise,
'Nuair theid breid fos a cionn.

Faill ill ho ro,
Hill uill ho ro,
Faill ill ho ro,
Ho gu, oh ho, ro hi.

Tha i barantach, laidir,
Tha i caol as a h-earraich,
'S i gu 'n sgoilteadh muir gabhaidh,
'Nuair a b' airde na tuinn.

Tha chairt-iuil an deagh ordugh,
'S tha na sgibearan eolach,
'S mise dannsa le solas,
Air a bord le ceol binn.

'S mi nach deanadh da phairtidh,
Dheth na dh'fhalbh as an aite ;
Eadar Barraidh a's Aigeis—
Dia mar gheard air an linn !

Thugaibh cuimhn' air bhur creideamh,
Agus seasaibh ri 'r n-eaglais,
Ged a theireadh fear eile,
Gur neo-fhreagarrach i.

'S ann do thoiseach nam fortan,
Bhi fo dhubhar na Croise ;
Am fear a dhiobras a coltas,
Chi e dhochair ri tìm.

Bha Donull Og fo lan-chonaich 'na osdair ann an Tigh-a-chlach-
ain am meadhon Shrath-ghlais. Chaidh esan thairis gu Eilean
Cheap Breatuinn an America. Ach cha robh e toilichte ann an
duthaich na coille 's an t-sneachda. Chaidh a mhac, Alastair, a
bhathadh. Ghabh Mairi, a nighean, sgail-bhrat nan cailleachan-
dubha, 's chuir i seachad a saoghal mar mhaighdeann-chrabhaidh.
Bha 'n t-aithreachas trom air Donull gun d'fhag e Strath-ghlais.
Ach bha bhean, Fionnaghal, daonnan a' cumail misnich ris. So
mar thuirt iad, ceathramh mu seach :—

Ach na 'm bithinn og,
'S mo phocaid a bhi pailt,
Gu 'm fagainn am *province*,
'S gu 'n seolainn air m' ais ;
Gu ruig Inbhir-lochaidh,
Bho na sheol mi mach.
Shealltainn air na seoid,
A tha mu chomhnard Ghlais.

Ho mo Mhairi laghach,
'S tu mo Mhairi bhinn,
Ho mo Mhairi laghach,
'S tu mo Mhairi ghrinn ;
Ho mo Mhairi laghach,
'S tu mo Mhairi bhinn,
Mairi bhoidheach, lurach,
Rugadh anns na glinn.

Thuirt Fionnaghal ri Donull,
'S gorach leam do bheachd,
Ma 's a duine beo thu,
Bidh do phocaid pailt ;
Cha'n fhaicear am màl
Gu brach dha d' chur an Glais,
'S chi 'm fear bhitheas a lathair
M' fhaisneachd tighinn gu teach.
Ho mo Mairi, &c.

Thuirt Donull a rithist—
Bu chridheil a bhi thall

Ann an tigh-na-dibhe,
B'aidheamach a chlann ;
Bhiodh na tasdain ghlasa
Dha'n sgapadh na'n deann,
Ann am measg nan Glaiseach—
B'ait leinn a bhi thall.
Ho mo Mhairi, &c.

Tha gach ni a' fas dhuit,
Spreidh air àilean glas,
Cruithneachd is buntata,
Cinnidh 'm barr ud pailt,
Oinneanan an garadh
'S iad mar nadur frais,
Gheibh thu gach seors iasgaich
'S cuir do lion a mach.
Ho mo Mhari, &c.

Bho na dh'fhag mi Alba
Dh'iomarlaich mi 'n t-ol,
Cha'n fhaicear mi suidhe
An cuideachd mu'n bhord,
Na daoine gasda mileanta
'S an tir an robh mi og,
'G obair 'n so mar nìgeir —
'S e sin brigh mo sgeoil.
Ho mo Mhari, &c.

Bha deagh choimhearsnach faisg air Donull Gobha ann an Cnoc-fhionn dha'm b' ainm Ailean. Rinn an duine sin agus Cailean-Og Mhuchdrachd malairt. Chaidh Ailean a thamh do Mhuchdrachd 's chaidh Cailean-Og air ais do Chnoc-fhinn gu duchas athar 's a sheanar. A reir coltais cha robh Donull Gobha deonach dealachadh ri Ailean, 's cha robh e toirt barail mhath air a mhonadh tha ceangailte ri Muchdrachd. Tha ceann garbh, creagach, glas, air a bheinn 's airde do thalamh Mhuchdrachd dha'n ainm "Sgur-na-dìolta." So a bheinn ris an d' thuirt Donull " 'a chailleach dhubh liath-ghlas dha'n robh an diollaid gun strian":—

Ma chaidh Ailean dha'n taghadh
Threig e an roghainn a b'fhearr ;
Dh'fhag e Cioch as a dheighidh
Nach eil ri fhaighinn na's fhearr ;

Bho nach robh e na fhaicill
'S gun do ghlac e'n da ait'
Ach ma fhuair e na's sona,
Cha'n eil dolaidh leam dha.

Ged bhiodh Muchdrachd agam,
'S mi nach caidleadh ann seimh,
An doire-liath sa'n fheith-luachrach,
'S na'm bheil mu'n cuairt dha 'n lub-bhan
B'annsa bruthaich na cluanach,
Sios is suas mu na phairc,
Agus deoch as a chiochaig
Bho'n 's i lionadh mo chail.

Bha i ciallach na nadur,
'S i gun ardan gun ghiomh,
'S gur a geal i fo leine,
Is dreach na greine air a bian,
Threig e mharcaid a b'fheile ;
'S ghabh e an ceile nach b'fhiach,
Ghabh e chailleach dhubh, liath-ghlas,
Dha'n robh an diollaid gun strian.

Dh'fhag e long ann an caladh
Nach deach idir air sail,
'S gur a boidheach fo sheol i,
Gearradh feoir air a h-earr ;
B'fhearr am fasan duine uasail,
Car mu'n cuairt le sgiath-bheur,
Na sguaban dha'm bioradh,
'S uisge sileadh le'm barr.

Ach 's beag an t-ioghnadh leam Ailean,
Ged robh am pathadh dha chlaoidh,
Dh'fhag e Cioch as a dheighidh,
Bu toil-inntinn do Righ ;
Ach ma's a banaltrum thioram,
Tha nise air a chionn,
An deis an altruim a fhuair e,
'S culaidh-thruais e san tir.

Is ath-chiocharan mise,
'S bha Iain Friseal am phairt,

Nise dubhaidh a chridhe,
Dh'aindeoin frithealadh chaich ;
An deigh altrum samhraidh,
'S cha bu ghann a dheoch dha,
Bho na bhanaltruim riomhaich,
Nach togadh stri am measg chaich.

Fhir Chnoic-fhinn gu'n robh buaidh ort,
Mar bu dual dha do sheors,
Eadar Déäig is Cluainidh,
Le do bhuaile chruidh oig,
Ann an aros do sheanar,
Ann an ard nan gleann feoir,
Gu'n robh Chioch dhuit mar leannan
'S do luchd-baile dha h-ol.

Bha duine tapaidh dheth na chinneadh Fhrisealach, dha 'm b' ainm Alastair Og 'na thuathanach cothromach ann an Giusachan 'm braighe Strath-ghlais. Ach ghabh uachdaran na 'h oigh-reachd sin (Mac-Uistein) a chuid a b' fhearr de 'n talamh na lamhan fein, chuir e fo chaoirich e, 's chaidh an sluagh a chubadh sa chrodhadh air talamh neo tharbhach. Mar chi sibh anns an oran so bha Alastair-Og daonnan a' toirt misnichd dhaibh gu togail orra gu dol do dh-America. Ach thainig am bas air an duine threun, thuigseach, Alastair-Og 's chaidh an t-aona mhac a bha aige thairis gu Nobha Scotia.

Ged a tha sinn a' so an drasta,
Cha bhi dail againn fad' ann,
'S ann theid sinn a null air sail,
Shealltuinn air na cairdean thall,
Far 'm bheil coille na fasaich,
'S cha'n fhaicear gu brach a ceann,
'S nuair a ni sinn fearann aiteach,
Cha bhi mal ga'r cur gu crann.

Na'n tarladh dhomh bhith's tigh-osda,
Mu'n a bhord 's mi 'g ol an dram,
Na deocha-slainte dheanainn ol,
Ged a bhitheadh mo phocaid gann;
Tha mo dhuil-s' an Righ na Glorach,
Bho'n 'se dh'orduich sibh dhol ann,
Gu'n d'fhag sibh talamh gun eolas,
S' aite-comhnuidh thogail thall.

Bithidh sinn a guidhe le durachd,
An am togail nan seol ri crann,
Soirbheas min bho Righ nan dulaibh,
Le gaoith shiubhlaich gun bhi mall,
A chumail rian air a chairt-iuil dhuinn
Gus an stiuradh i 'n crann-dall,
Aiseag cabhagach a null dhuinn,
'S nar deagh chunntais chur a nall.

'S fhada bho'n a bha mo mhiann ann,
Gar a bheil mo thriall ach mall,
Shaoil leam gu'm fagainn na criochan
Fada mu'n do liath mo cheann ;
Nise bho 'n a chrom an gniomh mi,
Air dhroch fhiach's mi'n aite gann
Paigheadh mail 's a' dol am fiachan,
Och mo dhiobhail fuireach ann.

Gheibh sinn cnothan agus ubhlan,
Air lùiseadh air bharr gach crann
Moran mheasan milis, cubhraidh,
Chuireadh sunnt air duine fann ;
Gheibh sinn deoch laidir de'n rum ann,
Chuireadh luths ruinn ann 's gach ball,
Airgiod glas air a dheagh chuinneadh,
'S dolair nan crun a bhios ann.

Gheibh sinn geoidh is eala 's iasg ann,
'S lachan ris a' ghrian air tuinn
Bradan air linneachan iasgaich
Dha'n tarraing le lìon a grunnd
H-uile por cho pailt sa dh'iarruinn
Fas gu lionmhor air an fhonn
Cha b'ionann sa bhi h-uile.bliadhna
'G ardachadh nan criochan lom.

Mile marbhaisg air na h-uaislean,
Nach fhuiligeadh an tuath bhi ann,
Ach caoirich 's coin mu'n cuairt dhaibh,
'S iad dha'n cuallach stigh gu fang,
Na'n tigeadh cogadh no tuasaid,
Na eigheachd gu bualadh lann,
B'fhearr na daoine na na h-uain sin,
'Se 'n cur uaibh a rinn an call.

Tha sinn ann an so an drasta,
Ann an càs bho am gu am,
Ceannach an t-siol-chuir bhuntata,
'S gach ni thairear a chur na cheann;
Fear dha'n dean am pailteas fas dhiubh,
Cha reic e iad gu brach gu am,
Gus a faigh e 'm bonn is airde—
'S ma tha thusa 'n càs bi ann.

Bheir mi dhuibh a nise oran a rinn Ailean Dall, filidh Mhic-
'ic-Alasdair, do 'n t-Siosalach, roimh theachd nan caorach mora do
Shrath-ghlais :—

N' am dusgadh as mo chadal dhomh,
Air maduinn 's toiseach bruidhn' agam,
O ! theanga na toir masladh dhomh,
A's dean Srath-ghlais a chuimhneachadh :
'S mo thogradh cha chuir bacadh ort,
A's eigh a mach, 's gu'n cluinn sinn thu ;
Tog fonn air cliu an t-Siosalaich,
Glac misneachd 's na biodh cuibhreach ort.

Sàr mharcach nan each innealta,
Gu srianach, criosach, diollaideach ;
'Nuair leumadh tu 's na stiorapaibh,
Cha mhinic iad a thrialladh riut ;
Do phearsa chumach, bheachdail, dheas,
'N ard chleachdainnibh nan Iarlachan,
Mar sheobhag, an t-ian meartuinneach
Air thus na h-ealta 'cliaranach.

'So 'n gaisgeach, euchdach, curranda,
'S gun iomadaidh do 'n mhor-chuis ann,
D' am bheil an stoile urramach,
'S gun uireasaibh deagh fhoghluim ort ;
Gu sgiamhach, fialaidh, furanach
Geur-ghuinideach, cruaidh-chomhragach ;
'S na 'n tairn'gte suas an cumasg riut,
Bu fhrasach fuil 'g a dortadh leat.

Bha bhuaidh sin air do shinnseireadh
'S tha firinn a' toirt sgeoil orra,
Na 'n gealluinnibh bu dileas iad,
Do 'n righ a chaidh air fogradh uainn,

'S fo d' shail cha d' fhag thu 'n di-chiumhn' sid
'S gun stri cha tillte toireachd ort,
A chraobh nach aom le siantainnibh,
Th' air cinntinn mar bu choir dhi bhi.

'S na 'n eighte 'feachd na h-Alba thu,
Bu dearbhta do dhaoin' uaisle dhuit
'S gur mairg a chasadh encoir ort
Nuair dh' eireadh leat do ghuailleachain—
Na Siosalaich chruaidh, gheur-lannach
Nach geilleadh ri h-uchd tuasaide,
Gu fuileach, guineach, beum-bhuilleach,
Gu reachd'or, treubhach, cruadalach.

Gu seasach, duineil, faoilteachail,
Mu d' dhaoine tha thu curamach ;
Air gheard mu 'n eirich baoghal dhoibh,
'S cha leig thu aomadh cùil orra ;
'S gur mairg a nochdadh aobhar dhuit,
Nuair dh' eireadh laoich do dhucha leat
Chum seasamh ri h-uchd caonnaige,
Le 'n claidheannaibh cha diùltadh iad.

Nuair thogteadh piob a's bratach leat
A mach bho chaisteal Eirchealais,
Bu lionmhor oigeir spalpara,
Fo ordugh grad chum seirbheis dhuit ;
Gu dagach, gunnach, acfhuinneach,
Gu ruinn-gheur, sgaiteach, eirbheartach,
Ag gearradh smuais a's aisinnean,
La cruas nan ealt' gun mheirg orra.

Le 'n ceannard uasal Siosalach,
Gu suairce, measail, giùlanta,
Cha mheall an t-òr le sitheadh thu,
Gu bristeadh air do chumhnantan ;
Cha'n fhàillinnich do ghealluinnean
De t'fhearann thug thu cùnnradh dhoibh
Air làraichean a' seanairean.
A's ceangal ac' air ùine dheth.

Cha 'n ioghnadh iad bhi dileas dhuit
'S do chis a dhioladh durachdach ;
Cha 'n fhaicear coin no ciobairean
A steach 'na d' thir 'g an iunnsachadh ;

'S bho 'n chuir thu cul ri tairgseachan
　Bho Ghall-bhodaich nan luirichean
Gu 'n d' fhag sid cliù an Albainn ort
　'S tha faramad aig gach duthaich riut *

'S gu meal thu cheile sholasach
　A dh' orduicheadh air cluasaig dhuit;
Bho sgeith nan geug-chrann moralach
　Cha diobair coir air uaisle dh' i;
Mar ghrian 's a mhadainn shamhraidh i,
　Air slios nan gleann neo-dhuatharach
A's maisich dearsadh 'foillseachadh,
　Le h-iochd is caoineil cuartachadh.

'S mar reult-an-iuil ag eirigh 'muirnn
　Tha 'n euchdag ur 'nuair ghuaiseas i,
Le beusaibh ciuin, nach teid fo 'r cul,
　An ceill 's an cliu le truacantachd ;
'S e sid a' chuis nach b' ioghnadh leinn,
　'S na fiurain as na bhuaineadh i,
Slat chubhraidh 'n iubhar mhìleanta
　'S gur lionmhor mile buaidh oirre.

Mur eil bhur foighidinn air a sgitheachadh mar thà leis na
thubhairt mi, seinnidh mi seann oran trom, tiamhaidh, eile dhuibh.
Cha'n urra mi innse co a rinn an t-oran so na co dha chaidh
'dheanamh ; ach chuala mi gur e oid'-altruim a rinn d'a dhalta e
'nuair a chaidh an duin' og thar a' chuan air cheann an fhortain :—

An am an fhoghair 's an fheoir,
Thigeadh foghair an t-seoid gu teach,
Mo chreach do dheigh' gun toir,
Sgeul nach roghainn 's gur bron dhomh e ;
Na 'm b'ann an eiginn no'n càs
A bheirt ort air sgath do thir'
'Righ ! na mheal mi mo shlaint
Mur biodh m' anam aig cach dha dhial.

* The poet, Allan Macdougall (Ailean Dall), is in error in attributing
the rejection of the offer of the Lowlanders to William. It was his worthy
brother, *An Siosalach Ban* (the Fair Chisholm) maternal grandfather of
Mr Chisholm-Gooden, London, that, at the instigation of his only daughter,
Mary, mother of Mr Gooden, declined the overtures of the South Country
shepherds, who had come to him for the purpose of renting the Chisholm
glens and dispossessing the native tenantry.—COLIN CHISHOLM.

'S tric mi smaoineachadh ort,
'S mi gu h-uaigneach, tosdail, trom,
Tha mo chridh air a lot,
Agus m' airnean gu goirt am chom ;
Cha'n eil ball dhiom tha slan
Mar ri m'fhabhradan dh'fhas iad lom,
'S mi 'n cruaidh shruthadh nan deoir
Ann an cumha 'n duine oig dh' fhalbh 'uainn.

'S tu m'fhiuran finealt fhein 's glan dreach,
Leis nach b'fhiach a bhi creach ach toir ;
Chaill mi miadh dheth mo phearsa,
Bho 'n la dhiolldadh an t-each ad choir,
Chuirinn cul ris gach càs
'S cha bhi cumha mu d' bhas na's mo ;
Mo dhuil ri do theachdsa slan
Bhithinn cridheach an aite 'bròn.

B'ann deth d'fhasan 's dhe do cheaird
A bhi taghal nan ard so thall,
Bhiodh do ghunna 's do chu,
Bhiodh do ghillean air chul do laimh,
'N uair lubadh tu 'n glun,
'Sa smeideadh tu'n t-suil do cheann,
Chluinte cragraich nan ord
'S gu'm bidh fuil mar ri feoil sa ghleann.

'N am a ghreigh leigeadh leis,
'S an a bheireadh sinn greis air spors'
Mas a faobhrinn do chuid
Seal cho deise 'sa mhusg ad dhornn
Bhiodh a spainneach nach diult
Air a chrios aig a' chuirtear og
'S c'aite 'm b'eol dhomh ri luaidh
Aona mhac duin thug ort buaidh a sheoid.

'Sheoid bhuadhaich gun ghiomh,
Gu'm b'ainneamh fear d'iomh's do dhreach
C'aite am b'eol dhomh fear d'iomh,
Ri bhi sealltuinn 'sa ghrian a mach ;
Fhir a's maisiche ciall,
Gun do mheas thu mi riamh mar mhac,
'S ann leam's duilich do thriall,
'S aobhar mulaid dhomh riamh gu'm fac.

Sheoid bhuadhaich gun chearb,
Gu'n cluinneam deagh sheanchas ort ;
'S ann bhiodh tu measg Ghall
Mar an cruithneachd an ceann a' choirc ;
Bhliadhna thriall thu 'o thir,
Gur h-i a dh'fhag mi fo sproc,
'S gur e chaisgeadh mo ghruaim
Sgeula chluinntinn nach b'fhuathach ort

Moch 'sa 'mhaduinn Diluan,
An diu a theannaich mi cruaidh mo chàs,
Bliadhna mar riuts' gach uair
O'n la dh'imich thu bhuainn Dimairt ;
Gur bochd m'fhachdain ri sheinn,
Agus m'ursgeul ri innse 'chach,
Dh' fhag thu lethtromach mi,
'S dheanainn altrum a chionn do shlaint'.

Bhrist air garadh mo lios
. Thuit an t-ubhal am meas a b'fhearr
Tha mo ghearan cho chruaidh,
'S ged a chuirte san uaigh mo ghradh ;
Ach bidh duil ri beul puirt,
Ge b'e h-uair thig an luchd dhe an t-sàil
'S cha bhi duil ris an uaigh,
Seach gun glachdar an t-sluasaid lan.

The following song is given by Mr William Mackay in the same volume of the Gaelic Society's Transactions as my paper. It was composed by Alastair Mac Iain Bhain, the Glenmoriston Bard, and as the subject is the Chisholm of Strathglass, I reproduce it here :—

ORAN AN T-SIOSALAICH.

'S i so deoch-slaint an t-Siosalaich,
  Le meas cuir i mu'n cuairt ;
Cuir air a' bhord na shireas sinn,
Ged chosd' e moran ghinidhean,
Lion botal lan de mhir' an t-sruth,
  'S dean linne dhe na chuaich—
Olaibh as i, 's e bhur beath',
  A's bithibh teth gun ghruaim !

'M beil fear an so a dhiùltas i ?
  Dean cunntas ris gun dàil !
Gu 'n tilg sinn air ar culthaobh e,
'S a' chuideachd so cha 'n fhiu leinn e,
An dorus theid a dhunadh air
  Gu drùidte leis a' bharr,
'S theid 'iomain diombach chum an dùin
  Mas mill e 'n rùm air càch !

Is measail an àm tionail thu,
  Fhir ghrinn is glaine snuadh,
Le d'chul donn, 's suil ghorm cheannardach,
Cha toirear cùis a dh-aindeoin diot,
A's cha bu shùgradh teannadh riut
  An ain-iochd no 'm beairt chruaidh—
Is mi nach iarradh fear mo ghaoil
  Thighinn ort a's e fo d' fhuath !

Na 'n tigeadh forsa namhaid
  Air a' chearnaidh so 'n Taobh-Tuath,
Bhiodh tusa le do phairtidh ann,
Air toiseach nam batàilleanan,
Toirt brosnachaidh neo-sgathaich dhaibh,
  Gu càch a chur 's an ruaig—
Is fhada chluinnte fuaim an làmhach
  Toirt air an làraich buaidh.

'S na n' eireadh comhstri ainmeil,
  A's na 'n gairmeadh oirnn gu buaidh,
Bhiodh tusa le do chàirdean ann—
Na Glaisich mhaiseach, làideara—
A's cha bu chulaidh-fharmaid leam
  Na thachradh oirbh s' an uair—
Le luathas na dreige' 's cruas na creige,
  A' beumadh mar bu dual !

Is sealgar fhiadh san fhireach thu ;
  Le d' ghillean bheir thu cuairt,
Le d' cheum luthmhor, spioradail,
Le d' ghunna ur-ghleus, innealta,
Nach diùlt an t-sradag iongantach
  Ri fudar tioram cruaidh—
'S bu tu marbhaich damh na croic'
  A's nàmhaid a' bhuic ruaidh.

Cha mhios an t-iasgair bhradan thu
    Air linne chas nam bruach ;
Gu dubhach, driamlach, slat-chuibhleach,
Gu morghach, geur-chaol, sgait-bhiorach,
'S co-dheas a h-aon a thachras riut
    Dhe 'n acfhuinn s' tha mi luaidh,
'S cha 'n eil innleachd aig mac Gaidheil
    Air a' cheaird tha bhuat.

Is iomadh buaidh tha sinte riut
    Nach urrar innse n' drasd ;
Gu seimhidh, suairce, siobhalta,
Gu smachdail, beachdail, inntinneach,
Tha gradh gach duine chi thu dhuit,
    'S cha 'n ioghnadh ged a tha—
Is uasal, eireachdail do ghiùlan,
    A's fhuair thu cliu thar chach.

A's ghabh thu ceile ghnathaichte
    Thaobh naduir mar bu dual ;
Fhuair thu aig a' chaisteal i,
'S ga ionnsuidh thug thu dhachaidh i,
Nighean Mhic 'Ic Alasdair
    Bho Gharaidh nan sruth fuar—
Slios mar fhaoilinn, gruaidh mar chaoruinn,
    Mala chaol gun ghruaim !

SONGS OF STRATHGLASS.

SUPPLEMENTARY LEAFLET.

Bho'n thug sinn seal mar tha air seann orain Shra-ghlais, bheir mi dhuibh a nise Laoidh ùr a chuir Sagart og a mhuintir Shra-ghlais an alpaibh a cheile :—

MOIRE AN DU-BHROIN.

Sheas lamh ri Crann-ceusaidh Iosa a Mhàthair.—Eoin xix., 25.

Bu trom a bròn,
Bu ghoirt a leon,
Bu dlù na deoir
Bho shuil na h-oigh,
'Sa Sàr-Mhac òg
San dòruinn mhor,
Ga cheusadh beò
    'Si g-amharc air.

Co chuala no chunna,
Measg mnatha na cruinne,
Tè eile dh' fhuilig
Do chruadalsa, Mhuire !
Co è a b' urra
Gun ghuth dubhach
'S gun shùil struthach
    Aithris air ?

Bha 'cridhe air a leòn
Lè claidheamh a bhròin,
B' ùr acaid dh'i 'm beo
Gach cneadh bha na fheols',
'S é bho chridhe gu dhorn,
Bho mhullach gu bhròig,
Gun eang, gun òirleach
    Fallain deth.

'Sè mhiaduich a cràdh
Sa theannuich a spàirn,
Gur è 's ceann-fath
Dha osnuich 's dha phàis
'S dha lotan bàis,
Am peacadh gun agh
A rinneadh lè càirdean
  Aineolach.

A mhìn Mhoir-Oigh!
A bhanrigh 'n du-bhròin!
Le Magdalen 's Eoin,
Thoir cead seasamh dhomhs',
Bho 'n 's ro-math mo chòirs'
Dh'ol fo d' mhullad 's fo d' leòn,
Sa shileadh nan deoir
  Air Calbhari.

'S gach troidh 's gach dearna
'S mi chuir àlach;
Mo pheacadh bais-se
An t-sleagh a ràinig
Cridhe mo Shlanuighear,
'S mise a shàth i —
Fath mo nàire
  'S m' aithreachais!

An crochadh ri craoibh
Tha cuspair mo ghaoil,
A chridhe fosgailt le faoilt,
Sa ghàirdeanan sgaoilt
Gu m' fhalach na thaobh;
Sud ceann-uidh nan naomh,
Tearmunn 's dachuidh an taobhsa
  Fhlathanas.

Crann-ceusaidh mo ghraidh,
Sud leabhar an aigh
As an ionnsuichear crabh,
Umhlachd gu làr,
Umhailteachd gu bàs,
Olc a mhathadh do chàch,
'S priomh-shubhaile a ghràidh
  Sior-mhaireannuich.

Bho lotan bàis
Leum fuarain ghràs,
Nach traogh 's nach tràigh
A chaoidh nan tràth—
A Mhoire mo ghràidh !
Dian riumsa bàigh,
'S cha ruith iad gun stà
    Dha m' anamsa.

A Mhathair, riamh
A fhuair na dh' iarr,
Air t'aon-ghin Ios'
Guidh agus grios,
Gu maith è ar fiach,
'S gu leasuich ar gniomh,
'S gu meal sinn gu siorruidh
    Flathanas.

CLIU GU BRATH DO DHIA.

'S mithich dhuin a nise bhi dol air slighe fois 's tamh na h-oiche ghabhail. Air an aobhar sin aithrisidh mi na focail mu dheireadh a b' abhaist dhuinn a chantainn ann an Strathghlais 'nuair rachamaid do 'n leabaidh air sligh' cadail. Cha chuimhneach leam gu 'n robh mi oiche bho chionn tri-fichead bliadhna gun an laoidh so a ghabhail 'n am leabaidh :—

AN T-ALTACHADH LAIDHE.

Laidhidh mis 'a nochd
Le Moire 's le 'mac;
Mathair mo Righ
Ga m' dhion bho'n olc.
Laidhidh mi le Dia,
'S laidhidh Dia leam;
Cha laidh mi leis an olc,
Cha laidh am t-olc leam.
Eiridh mi le Dia,
Ma 's ceadach le Dia leigeil leam.
Deas-lamh Dhia
A's Chriosta gun robh leam.
Bho throidhean mo bhuinn
Gu mullach mo chinn
Guidhim Peadar, guidhim Pol,

Guidhim Moire oigh agus a Mac,
Guidhim air an da Ostal deug
Gun mise dhol eug a nochd.
A Chriosta chumhachdaich na gloire,
A mhic na h-Oighe 's gloine cursa,
Seachainn sinn bho thigh nam pian,
Tha gu h-iosal, dorcha, duinte.
Fhad's a bhios a' cholluinn na 'cadal
Biodh an t-anam air bharraibh na firinn
An co-chomunn nan Naomh.

                              Amen.

www.ingramcontent.com/pod-product-compliance
Lightning Source LLC
Chambersburg PA
CBHW022037080426
42733CB00007B/866